BEI GRIN MACHT SICH IHR WISSEN BEZAHLT

- Wir veröffentlichen Ihre Hausarbeit,
  Bachelor- und Masterarbeit

- Ihr eigenes eBook und Buch -
  weltweit in allen wichtigen Shops

- Verdienen Sie an jedem Verkauf

Jetzt bei www.GRIN.com hochladen und kostenlos publizieren

Ernst Probst

Katharina II. die Große - Die Deutsche auf dem Zaren-thron

GRIN Verlag

Bibliografische Information der Deutschen Nationalbibliothek:

Die Deutsche Bibliothek verzeichnet diese Publikation in der Deutschen National-
bibliografie; detaillierte bibliografische Daten sind im Internet über http://dnb.d-
nb.de/ abrufbar.

Impressum:

Copyright © 2011 GRIN Verlag, Open Publishing GmbH
Druck und Bindung: Books on Demand GmbH, Norderstedt Germany
ISBN: 978-3-640-93124-8

Dieses Buch bei GRIN:

http://www.grin.com/de/e-book/173009/katharina-ii-die-grosse-die-deutsche-auf-
dem-zarenthron

GRIN - Your knowledge has value

Der GRIN Verlag publiziert seit 1998 wissenschaftliche Arbeiten von Studenten, Hochschullehrern und anderen Akademikern als eBook und gedrucktes Buch. Die Verlagswebsite www.grin.com ist die ideale Plattform zur Veröffentlichung von Hausarbeiten, Abschlussarbeiten, wissenschaftlichen Aufsätzen, Dissertationen und Fachbüchern.

Besuchen Sie uns im Internet:

http://www.grin.com/

http://www.facebook.com/grincom

http://www.twitter.com/grin_com

Zarin Katharina II. die Große (1729–1796) von Russland in Staatsrobe.
Porträt aus den 1780-er Jahren von einem Nachahmer des österreichischen Malers
Johann-Baptist Lampi der Ältere (1751–1830)

*Meiner lieben Frau Doris
gewidmet*

Christian August Fürst von Anhalt-Zerbst (1690–1747).
Porträt des französischen Malers Antoine Pesne (1683–1757)
von 1725.
Original im Museum Eremitage, Sankt Petersburg, Russland

Katharina II. die Große

Die Deutsche auf dem Zarenthron

Russlands bedeutendste Kaiserin war Katharina II. die Große (1729–1796), geborene Sophie Auguste Friederike Prinzessin von Anhalt-Zerbst-Dornburg, russisch Jekaterina II Alexejewna genannt. In ihrer Regierungszeit von 1762 bis 1796 leitete sie den Aufstieg Russlands zur europäischen Großmacht ein. Ihr Hof in Sankt Petersburg galt als einer der kulturellen Mittelpunkte Europas. Der Appetit der Monarchin auf stramme Offiziere war so legendär wie ihre Kriegslust, ihre Machtgier und ihr Kunstsinn.

Sophie Auguste Friederike Prinzessin von Anhalt-Zerbst-Dornburg kam am 2. Mai 1729 als ältestes von fünf Kindern des preußischen Generals Christian August Fürst von Anhalt-Zerbst-Dornburg (1690–1747) aus dem Geschlecht der Askanier, und der Prinzessin Johanna Elisabeth von Holstein-Gottorf (1712–1760) im Schloss von Stettin (Pommern) zur Welt. In der Literatur wird sie meistens als Sophie oder Sophia von Anhalt-Zerbst erwähnt.

Sophie hatte vier Geschwister: Wilhelm Christian Friedrich (1730–1742), Friedrich August (1734–1793), Auguste Christine Charlotte (1736 geboren und gestorben) sowie Elisabeth Ulrike (1742–1745). Das Fürstentum, aus dem sie stammte, galt als eines der ärmsten und bedeutungslosesten in Deutschland. Ihr Vater

Prinzessin Anna Petrowna (1708–1728),
Mutter von Zar Peter III. (1728–1762) von Russland.
Porträt des russischen Malers
Ivan Nikitich Nikitin (um 1690–1741)

residierte als General und Militärgouverneur des Königs von Preußen in Stettin.

Prinzessin Sophie von Anhalt-Zerbst-Dornburg verbrachte ihre Kindheit im Schloss in Stettin. Zeitweise besuchte sie adlige Verwandte in Braunschweig, Zerbst, Berlin und Varel.

Als Zehnjährige begegnete Sophie 1739 auf einem Familienfest im Eutiner Schloss erstmals ihrem späteren Bräutigam, dem ein Jahr älteren Karl Peter Ulrich Herzog von Holstein-Gottorf (1728–1762), auch Holstein-Gottorp. Dieser war der Sohn von Karl Friedrich, Herzog von Holstein-Gottorf (1700–1739), und von Anna Petrowna (1708–1728), der Tochter des russischen Zaren Peter I. der Große (1672–1725).

Anna Petrowna, die Mutter von Peter, war bereits wenige Monate nach der Geburt ihres Sohnes gestorben. Nach dem frühen Tod seines Vaters Karl Friedrich im Jahre 1739 wurde Peter im Alter von elf Jahren dessen Nachfolger als Herzog von Holstein-Gottorf. Diesen Titel behielt er bis zu seinem Tod.

Teile der schwedischen Stände wählten am 4. November 1742 Peter Herzog von Holstein-Gottorf, zum Thronfolger von Schweden. Doch Peter lehnte dieses Angebot ab.

Nach dem Tod des kinderlosen Fürsten Johann August von Anhalt-Zerbst am 7. November 1742 erlosch die Hauptlinie Anhalt-Zerbst. Nachfolger als Fürsten von Anhalt-Zerbst wurden der unverheiratete Johann Ludwig II. von Anhalt-Zerbst-Dornburg (1688–1746) und dessen Bruder Christian August von Anhalt-Zerbst-Dornburg, der Vater von Sophie.

*Prinzessin Johanna Elisabeth
von Holstein-Gottorf (1712–1760),
auch Holstein-Gottorp.
Porträt des französischen Malers
Antoine Pesne (1683–1757)*

Am 18. November 1742 ernannte die kinderlose Kaiserin Elisabeth Petrowna (1709–1762) von Russland ihren 14-jährigen Neffen Peter, den Sohn ihrer verstorbenen älteren Schwester Anna Petrowna, zu ihrem Thronfolger. Der Junge trat zum Russisch-Orthodoxen Glauben über, nahm den Namen Peter Fjodorowitsch an und wurde Großfürst.

Im Dezember 1742 zog die 13-jährige Sophie von Anhalt-Zerbst zusammen mit ihren Eltern in das Zerbster Schloss. Dort lebte sie nur etwas mehr als ein Jahr lang.

1744 lud die russische Zarin Elisabeth Petrowna die Fürstin Johanna Elisabeth von Anhalt-Zerbst mit ihrer 15-jährigen Tochter Sophie an ihren Hof ein. Sophie sollte die Braut für ihren Cousin zweiten Grades Peter, russisch Pjotr Fjodorowitsch, werden. Vor der Russlandreise, die sie im Januar 1744 in Zerbst antraten, machten die beiden Damen auf Wunsch von Friedrich II. dem Großen (1712–1786) in Berlin Station. An seiner Tafel versuchte der König von Preußen in kluger Voraussicht, die künftige Kaiserin von Russland für sich zu gewinnen. Nach weiteren Zwischenstationen, unter anderem in Reval und Sankt Petersburg, traf Sophie im Februar 1744 in Moskau ein. Ihre Mutter reiste unter einem falschen Namen als „Gräfin von Reinbek" mit.

Großfürst Peter war beim ersten Treffen mit Prinzessin Sophie in Russland 16 Jahre alt, sah gut aus, war aber klein und kindlich und sprach mit seiner Braut nur über Spielzeug und Soldaten. In ihren Memoiren gestand Katharina II. später, mehr als an der Person des Bräutigams sei sie an der russischen Krone interessiert

Friedrich II. der Große (1712–1786), König von Preußen.
Porträt des deutschen Malers
Johann Georg Ziesenius der Jüngere (1716–1776) von 1763

gewesen. Sophie trat am Tag der Heiligen Peter und Paul in Moskau feierlich vom evangelisch-lutherischen zum orthodoxen Glauben über und lernte rasch die russische Sprache. Einen Tag später verlobte sich die Prinzessin von Anhalt-Zerbst am 29. Juni 1744 nach dem julianischen Kalender bzw. am 10. Juli 1744 nach dem gregorianischen Kalender mit Großfürst Peter. Zu Ehren von Jekaterina I. (1684–1727), der Mutter der regierenden Kaiserin Elisabeth Petrowna, erhielt sie den Namen Jekaterina (Katharina) Alexejewna.

Rund ein Jahr später, am 21. August 1745 nach dem julianischen Kalender bzw. am 10. Juli 1745 nach dem gregorianischen Kalender, heiratete die 16-jährige Katharina den 17 Jahre alten Großfürsten Peter. Danach musste Katharina zehn Jahre lang eine qualvolle Ehe mit dem launischen und bösartigen Großfürsten ertragen, der von schwacher Statur war.

Bereits in der Hochzeitsnacht zeigte sich, dass Großfürst Peter nur wenig Interesse und Zuneigung für Katharina empfand. Als seine frischvermählte Gattin im Schlafgemach auf ihn wartete, kam er spät nachts betrunken von der Feier zu ihr. Vielleicht hätte er aber auch nüchtern wenig ausrichten können, da er angeblich impotent war.

Die lebensfrohe und intelligente Großfürstin Katharina musizierte gern und las viel. Zu ihrer Lektüre gehörten vor allem historische und politiktheoretische Werke. Ihr lag viel daran, Politik besser zu verstehen. Über die Vorgänge am russischen Kaiserhof war sie immer gut informiert. Sie besuchte auch jeden russisch-orthodoxen Gottesdienst.

Zarin Elisabeth Petrowna (1709–1762) von Russland.
Porträt des französischen Malers
Charles André Van Loo (1705–1765)

Im Gegensatz dazu lebte Großfürst Peter in Oranienbaum (heute Lomossow) in seiner eigenen Welt. Seine Tante hatte ihm zur Hochzeit mit Katharina das Schloss von Menschikow geschenkt. Dort hielt sich Peter mit seinen holsteinischen Freunden auf. Er hatte eine Vorliebe für alles Preußische und hier vor allem für das Militär. Peter führte einen intensiven Briefwechsel mit dem von ihm glühend verehrten Friedrich II. von Preußen. Er stellte eine eigene Garde aus 1.500 holsteinischen Offizieren und Soldaten auf und trug gerne eine preußische Uniform. Damit zog er sich den Unwillen der Kaiserin Elisabeth Petrowna zu, die eine tiefe Abneigung gegen Preußen hatte.

Anfangs bezog Großfürst Peter seine Gattin Katharina noch in seine Spiele mit den kleinen Soldatenfiguren ein und ließ sie eine preußische Uniform tragen. Bald aber hatten beide keinen Bezug mehr zueinander.

Johanna Elisabeth von Holstein-Gottdorf, die Mutter von Katharina, lebte zwei Jahre lang am Hof der russischen Zarin Elisabeth Petrowna. Dort war sie in zahlreiche Intrigen verstrickt, geriet in Spionageverdacht und durfte auf Anordnung der Zarin nicht mehr schriftlich mit ihrer Tochter Katharina verkehren. Nach dem Tod ihres Ehegatten 1747 wurde Johanna Elisabeth Regentin für ihren Sohn Friedrich August in Anhalt-Zerbst. Bereits zuvor hatte die Fürstin großen Anteil an der Landesregierung in Anhalt-Zerbst. 1751 stieg ihr Bruder Adolf Friedrich (1710–1771) zum König von Schweden auf.

Die jungen Eheleute Paul und Katharina pflegten — teilweise mit gegenseitigem Einverständnis — ihre

Großfürst Peter und Großfürstin Katharina mit Sohn Paul.
Porträt der deutschen Malerin
Anna Rosa Lisiewska (1713–1783) von 1776

Liebschaften. Nach neunjähriger Ehe brachte die 25 Jahre alte Katharina am 1. Oktober 1754 einen Sohn zur Welt, den späteren Zar Paul I. (1754–1801). Obwohl es damals Gerüchte über eine Affäre der Großfürstin gab, erkannten ihr Ehemann und die Kaiserin Elisabeth Petrowna diesen Sohn namens Paul Petrowitsch als legitim an.

Der Sohn Paul stammte vermutlich von dem gut aussehenden Kammerherrn Graf Sergei Saltykow (1726–1765), den Katharina um 1751 als Geliebten genommen hatte. Paul wurde sofort nach der Geburt von seiner Mutter getrennt und von der Kaiserin Elisabeth Petrowna, also seiner Großtante, erzogen. Saltykow hat man vom Hof entfernt und als Sonderbotschafter zum König von Schweden geschickt, um die Geburt des künftigen russischen Thronerben zu verkünden. Katharina ernannte ihn später zum russischen Gesandten in der Freien und Hansestadt Hamburg.

Katharina genießt den zweifelhaften Ruf, sexbesessen und machtgierig gewesen zu sein. In der Literatur werden mehr als zwanzig Liebhaber von ihr erwähnt. Nur die wenigsten ihrer Liebhaber durften sich in ihre Politik einmischen, wenngleich sie dies oft versuchten. Nach der Trennung wurde keiner ihrer Liebhaber verfolgt, bestraft oder sonstwie benachteiligt. Stattdessen erhielten viele von ihnen großzügige Geschenke.

Ungeachtet der Neutralität von Anhalt-Zerbst zu Beginn des „Siebenjährigen Krieges" (1756–1763) beherbergte die Mutter von Katharina den französischen Marquis de Fraigne, der als Spion beschuldigt wurde. Der

Kammerherr Graf Sergei Saltykow (1726–1765)
war ab etwa 1751 der Geliebte der Fürstin Katharina.
Porträt eines unbekannten Malers aus dem 18. Jahrhundert

Preußenkönig Friedrich II. ließ deswegen Anhalt-Zerbst militärisch besetzen. Die Fürstin Johanna Elisabeth von Anhalt-Zerbst floh 1758 nach Paris, wo sie unter dem namen „Gräfin von Oldenburg" lebte und zwei Jahre später starb.

Im Juni 1757 trat Russland auf der Seite von Österreich und Frankreich in den „Siebenjährigen Krieg" ein. Vergeblich versuchte Großfürst Peter in einem Brief an Wilhelm von Fermor (1714–1774), den Oberkommandierenden der russischen Truppen, diesen zum Einlenken gegen die Preußen zu bewegen.

Während der unglücklichen Ehe mit Großfürst Paul brachte Katharina auch die Tochter Anna (1757–1759) zur Welt. Historiker streiten darüber, ob dieses Mädchen von ihrem Ehemann Peter oder von einem ihrer Geliebten, nämlich Graf Saltykow oder Graf Poniatowski, stammt.

Nach dem Tod der Zarin Elisabeth Petrowna am 25. Dezember 1761 (julianischer Kalender) bzw. am 5. Januar 1762 (gregorianischer Kalender) regierte Peter III., der ein starker Trinker und schwacher Denker war, nur etwa ein halbes Jahr lang als Kaiser. Laut Online-Lexikon „Wikipedia" war Paul III. ein unausgeglichener, gehemmter junger Mann, den zudem von Pockennarben entstellten. Auf Gemälden wird er mehr oder minder sympathisch dargestellt. Angeblich fühlte sich Paul III. durch den Vergleich mit seinem berühmten Großvater, Zar Peter I. der Große (1672–1725), unter Druck gesetzt. Bereits während der Trauertage benahm sich Peter III. sehr albern, was seine Frau Katharina sowie große Teile des Kaiserhofes und des russischen Volkes verärgerte.

Wilhelm von Fermor (1714–1774),
Oberkommandierender der russischen Truppen.
Porträt des russischen Malers
Alexei Petrowitsch Antropow (1716–1795)

Bei seinem Regierungsantritt erließ Peter III. eine Amnestie für politische Häftlinge. Damals wurde Peter III. von dem schwedischen Historiker Magnus Jacob von Crusenstolpe (1795–1865) mit folgenden Worten beurteilt: „... der Großfürst war als inkonsequent und bizarr bekannt, der Kaiser zeigte sich gerecht, geduldig, verträglich und aufgeklärt. Alle höheren Staatsbeamten behielten ihre Ämter. Seinen Feinden verzieh er, auch wenn sie sich gegen ihn höchst unwürdig benommen hatten ...“

Der russische Kaiser Peter III. befand sich bei Amtsantritt in einer kuriosen Lage. Einerseits war er ein Bewunderer des Preußenkönigs Friedrich II., andererseits kämpfte Russland im „Siebenjährigen Krieg" damals gegen Preußen. Peter III. riss die Außenpolitik herum, schloss am 5. Mai 1762 Frieden mit Preußen und stellte anschließend Friedrich II. ein Hilfskorps von 15.000 Soldaten zur Verfügung. Viele Historiker nehmen an, dass diese Wendung Preußen vor der sicheren Niederlage im „Siebenjährigen Krieg" rettete. Peter III. wollte auch mit seiner Geliebten Elisabeth Woronzow (1743–1782) und einem Expeditionskorps in seine holsteinische Heimat reisen, um einen Krieg gegen Dänemark zu führen.

Der neue Kaiser begann ein umfangreiches Reformprogramm zur Demokratisierung von Russland. Er schaffte die Folter ab, löste die „Geheime Kanzlei" auf, lockerte das Reiseverbot, erließ Maßnahmen zur Belebung des Handels, schaffte die Salzsteuer ab und führte als Ersatz eine Luxussteuer für den Adel ein. Außerdem plante er ein Gesetz, das die Rechte der

Zar Peter III. (1728–1762) von Russland.
Porträt des russischen Malers
Alexei Petrowitsch Antropow (1716–1795)

Zar Peter III. (1728–1762) von Russland.
Porträt des deutschen Malers
Lucas Conrad Pfandzelt (1716–1786) um 1762.
Original im Museum Eremitage, Sankt Petersburg, Russland

Zar Peter III. (1728–1762) von Russland.
Porträt des russischen Malers
Alexei Petrowitsch Antropow (1716–1795) von 1762

Zar Peter III. (1728–1762) von Russland.
Porträt des russischen Malers
Alexei Petrowitsch Antropow (1716–1795)

Zarin Katharina II. die Große (1729–1796) von Russland.
Porträt des russischen Malers
Alexei Petrowitsch Antropow (1716–1795)

Grigori Grigorjewitsch Orlow (1734–1783).
Porträt des russischen Malers
Fjodor Rokotow (1736–1808) um 1762/1763

25

Alexei Grigorjewitsch Bobrinski (1762–1813),
der unehelich geborene Sohn von Katharina II.
und Grigori Grigorjewitsch Orlow (1734–1783),
wurde nach seinem Onkel Alexei Grigorjewitsch Orlow benannt.
Porträt von Fjodor Rokotow (1736–1808)

26

orthodoxen Kirche beschneiden sollte und wollte das Leibeigentum abschaffen.

Laut Online-Lexikon „Wikipedia" gab es keinerlei politische Gründe für den Sturz von Zar Peter III. Die weit verbreitete Ansicht, der gesamte Adel habe sich gegen Peter III. erhoben, sei unzutreffend, heißt es. Die russischen Gardeoffiziere, die sich gegen Peter III. auflehnten, wurden zwar als Grafen und Fürsten bezeichnet, waren in Wirklichkeit aber verarmte Adelige ohne Macht und Besitz. Der Hofadel, der Generalstab und die gesamte Regierung blieben Peter III. bis zum Ende treu. Dem russischen Volk erschien Peter III. wegen der Abschaffung der Leibeigenen der Kirche als Befreier. Denn diese bedeutete die baldige Abschaffung des gesamten Leibeigentums.

Am 11. April 1762 brachte Katharina II. einen Sohn ihres damaligen Geliebten Grigori Grigorjewitsch Orlow (1734–1783) zur Welt. Dieser Junge erhielt den Namen Alexei Grigorjewitsch Bobrinski (1762–1813). Jenes Kind hätte in der Zukunft einen Anspruch auf den russischen Thron erheben und eine Gefahr für den Sohn Paul von Zar Peter III. werden können. Aus diesem Grund dachte Peter III. über eine mögliche Scheidung von Katharina nach und bat den Preußenkönig Friedrich II. in einem Brief um seinen Rat. Am 1. Juni 1762 wurde Grigori Grigorjewitsch Orlow entlassen und über die Ausweisung von Katharina zurück nach Deutschland gesprochen.

Zar Peter III. wollte am 28. Juni 1762 bei einer Feier anlässlich des Namenstages der Heiligen Peter und Paul seine Entscheidung verkünden. Doch es kam ganz

Alexei Grigorjewitsch Bobrinski (1762–1813),
der unehelich geborene Sohn von Katharina II.
und von Grigori Grigorjewitsch Orlow, im Alter von etwa 8 Jahren.
Porträt von Carl-Ludwig Christinek (1732–1792).
Original im Museum Eremitage, Sankt Petersburg, Russland

anders, weil die Brüder Orlow den Sturz von Peter III. planten. Eine wichtige Rolle spielte dabei der körperlich große und kräftige Offizier Alexei Grigorjewitsch Orlow (1737–1808). Mit Wodka, Drohungen und Geldversprechen hetzten die Brüder die Gardisten gegen Peter III. auf und bestachen die führenden Offiziere von zwei Garderegimentern. Damals hielt sich Peter III. in Oranienbaum auf. Weil der Zar zögerte, mit seiner holsteinischen Garde unter dem Kommando von David Reinhold von Sievers (1732–1814) gegen die Aufrührer vorzugehen, konnte man ihn gefangen nehmen und zwingen, die Thronentsagungsakte zu unterzeichnen. Darin stand zu lesen: „... in der kurzen Zeit meiner absoluten Regierung über das russische Reich habe ich erkannt, dass meine Kräfte einer solchen Last nicht gewachsen sind ... Ich erkläre ohne Zwang und feierlich vor dem russischen Reich und der ganzen Welt, dass ich der Regierung auf Lebzeiten entsage ... Peter, Herzog von Holstein".

Danach brachte man den prominenten Gefangenen in das Landhaus Ropscha bei Sankt Petersburg. Dort ermordeten Anhänger der Zarin Katharina den abgedankten Zar Peter III. am 6. Juli 1762 (julianischer Kalender) bzw. am 17. Juli 1762 (gregorianischer Kalender). Angeblich wurde der Kaiser von dem erwähnten Offizier Alexei Grigorjewitsch Orlow eigenhändig erdrosselt. Manche Historiker glauben, die Brüder Orlow hätten auf eigene Faust das Mordkomplott geplant. Andere Historiker verdächtigen Katharina II. als Mitwisserin oder sogar als Auftraggebern des Mordes an ihrem Gatten.

Alexei Grigorjewitsch Orlow (1737–1808).
genannt „das Narbengesicht".
Porträt von Carl-Ludwig Christinek (1732–1792).
Original in der State Tretyakov Gallery, Moskau

Nach dem Offiziersputsch holte Alexei Grigorjewitsch Orlow Katharina II. aus Peterhof ab und rief diese am 9. Juli 1762 (julianischer Kalender) zur regierenden Kaiserin von Russland aus, währenddessen man Zar Peter III. für abgesetzt erklärte. Am 19. Juli 1762 hat man Peter III. im Alexander-Newski-Kloster aufgebahrt. An seinem Sarg zogen mehrere Tage lang Tausende von Russen aus allen Bevölkerungsschichten vorbei.

Nachdem sich die Lage im Land nach dem Tod von Peter III. wieder beruhigt hatte, krönte man Katharina am 22. September 1762 (julianischer Kalender) bzw. am 3. Oktober 1762 (gregorianischer Kalender) in der Himmelfahrtskathedrale des Moskauer Kremls zur Kaiserin von Russland. Damit begann die 34 Jahre lang dauernde Herrschaft von Katharina II.

Nach der erfolgreichen Verschwörung von 1762 erhielt jeder der fünf Brüder Orlow den Grafentitel. Außerdem wurden Alexei Grigorjewitsch Orlow und Grigori Grigorjewitsch Orlow mit dem „Orden des Heiligen Alexander Newskij" ausgezeichnet sowie mit Landbesitz, Geld und sonstigen Geschenken überhäuft. Nicht erfüllt hat sich dagegen die Hoffnung von Grigori Grigorjewitsch Orlow, Gemahl der Kaiserin zu werden. Stattdessen stieg er zum Generalfeldzeugmeister und sein Bruder Alexei zum Generalleutnant auf.

Graf Grigori Grigorjewitsch Orlow war angeblich von 1759 bis 1772 der Geliebte von Katharina II. Wahrscheinlich wurde er von der Kaiserin abserviert, als er sie massiv bedrängte, ihn zu heiraten. Auch Alexei Grigorjewitsch Orlow, ab 1764 Kammerherr, soll einer der Liebhaber von Katharina II. gewesen sein.

Zarin Katharina II. (1729–1796) von Russland.
Grafik von Johann Ernst Mansfeld (1739–1796)
nach einer Vorlage von Henri François Viollier (1750–1828)

Als Katharina II. nach dem Sturz ihres Ehegatten Peter III. hoch zu Pferd die Gardetruppen musterte, fiel dem damaligen Wachtmeister Grigori Alexandrowitsch Potjomkin (1739–1971) auf, dass sie an ihrem Degen kein Degengehenk (Portepee) hatte. Galant soll ihr Potjomkin sein Portepee angeboten haben. Wie dem auch sei: Sicher ist, dass Potjomkin in der ersten Zeit der Regierung von Katharina II. deren Aufmerksamkeit erregte und am 30. November 1762 (julianischer Kalender) bzw. am 11. Dezember 1762 (gregorianischer Kalender) zum Kammerjunker ernannt wurde. Bald danach verlor Potjomkin wegen der ungeschickten Behandlung eines Naturarztes ein Auge, ohne dass seine Schönheit darunter gelitten haben soll. Nach diesem Unglücksfall zog er sich anderthalb Jahre vom Hof der Kaiserin zurück.

Bereits kurze Zeit nach ihrer Machtübernahme erließ Katharina II. am 14. Oktober 1762 ein Manifest, in dem der Kaiserliche Senat die Erlaubnis erhielt, Ausländern die Ansiedlung in Russland zu gestatten. Weil die Veröffentlichung dieses Manifestes nicht die erhoffte Wirkung im Ausland hatte, schrieb Katharina II. am 22. Juli 1763 ein weiteres Manifest, durch das sie Tausenden von deutschen Bauern die Ansiedlung in den Ebenen beiderseits der Wolga ermöglichte. Den Siedlern versprach sie Religionsfreiheit, Steuerfreiheit und Verfügungsrecht über ihr Land. Dies war die Geburtsstunde der so genannten Wolgadeutschen.

Ab 1764 gründete Katharina II. erste Volksschulen und Gymnasien in den Städten sowie Ingenieurfachschulen. Anders als Zar Peter der Große engagierte sie sich

Grigori Alexandrowitsh Potjomkin (1739–1971).
Porträt des österreichischen Malers
Johann-Baptist Lampi der Ältere (1751–1830)
um 1790

besonders für die Gründung von Volksschulen. Gegen Ende ihrer Regierungszeit gab es in allen russischen Bezirksstädten eine Volksschule und fast in jeder Provinz ein Gymnasium. Der Schulbesuch war freiwillig und kostenlos. Während der Regierungszeit von Katharina II. stieg die Zahl der Staatsschulen von sechs im Jahr 1781 auf 316 im Jahr 1796. 22 Prozent der Schüler kamen aus dem Mittelstand, rund 30 Prozent waren Bauernkinder.

1764 erzwang Katharina II. die Wahl ihres Günstlings Stanislaus II. August Poniatowski (1732–1798) zum König von Polen und Großfürst von Litauen. Poniatowski war vom polnischen König August III. von Sachsen (1696–1763) als Botschafter nach Russland geschickt worden und hatte das Vertrauen und die Liebe von Katharina II. gewonnen. Er soll – wie erwähnt – der Vater der Tochter Anna von Katharina II. gewesen sein. Bei der letzten Teilung Polens 1795 wurde Poniatowski entthront, ging ins Exil nach Russland und starb dort ein Jahr später als Katharina II.

1765 kaufte Katharina II. dem französischen Enzyklopädisten, Philosophen und Aufklärer Denis Diderot (1713–1784) pro forma seine Bibliothek ab und stattete ihn mit Geld für Neuanschaffungen aus. Diderot gilt heute als einer der originellsten Köpfe der europäischen Aufklärung. 1773 kam Diderot für einige Monate an den Hof von Sankt Petersburg, wohin nach seinem Tod seine Bibliothek gelangte.

Zur Legitimierung ihrer eigenen Herrschaft diente 1767 die von Katharina II. einberufene „Gesetzgebende Kommission", eine mehrere Hundert Personen

Stanislaus II. August Poniatowski (1732–1798).
Porträt des italienischen Malers
Marcello Bacciarelli (1731–1818) von 1764

umfassende Abgeordnetenversammlung. Aufgabe dieser Kommission war weniger die Schaffung einer einheitlichen Rechtsprechung für die unterschiedlichen Völker des riesigen Reiches als vielmehr das Ziel der Kaiserin, ihr Land besser kennen zu lernen, um seine Verwaltung den unterschiedlichen Gegebenheiten anzupassen. Die Ergebnisse dieser Kommissionsarbeit flossen vor allem in die Vorbereitungen der Verwaltungsreform von 1775 ein. 1767 verlieh die Kommission Katharina II. die Titel „Katharina die Große" und „Mutter des Vaterlandes". 1768 wurde die Kommission bei Ausbruch des türkisch-russischen Krieges aufgelöst.

Bei den zwei russisch-türkischen Kriegen (1768–1774) und 1787–1792) eroberte Katharina II. den Zugang zum Schwarzen Meer und weite Küstengebiete. Ihr so genanntes „Griechisches Objekt", nämlich die Eroberung von Konstantinopel und die Neugründung des byzantinischen Reiches unter russischer Herrschaft („Griechischer Plan") scheiterte am einseitigen Kriegsaustritt von Österreich im letzten der beiden Türkenkriege Katharinas sowie an der gleichzeitigen Gefahr des Angriffes der Schweden. Trotzdem konnten nach der Annexion der Krim und der Zerschlagung des Krimkhanats weite Teile der heutigen Südukraine als Provinz Neurussland erschlossen und besiedelt werden.

1768 avancierte Alexei Grigorjewitsch Orlow zum Admiral der ganzen russische Flotte im griechischen Archipel. Nach seinem triumphalen Sieg in der Seeschlacht von Cesme Anfang Juli 1770 erhielt er den

Denis Diderot (1713–1784),
französischer Enzyklopädist, Philosoph und Aufklärer.
Porträt des französischen Malers
Louis-Michel van Loo (1707–1771) von 1767

Beinamen „Tschesmenskoi". Nach Kriegsende stieg er zum Oberbefehlshaber auf. 1772 erreichte Grigori Grigorjewitsch Orlow als russischer Gesandter beim Friedenskongress von Fokschani wegen seines anmaßenden Auftretens gegen die Türkei nur wenig Vorteile für Russland. Als er erfuhr, dass Katharina II. inzwischen Potjomkin ihre Gunst geschenkt hatte, eilte er nach Sankt Petersburg. Doch bevor er dort eintraf, erhielt er den Befehl, sich auf sein Schloss Gattschina zu begeben. In der Folgezeit erhielt er weitere Schenkungen der Kaiserin an Bauern und Geld sowie den Marmorpalast in Petersburg. Alexei Grigorjewitsch Orlow unternahm fortan Reisen oder hielt sich in Moskau auf und heiratete später seine Nichte.

Grigori Alexandrowitsch Potemkin machte eine steile Karriere im Staatsdienst. Er war Mitglied des Reichsrates und Präsident des Kriegskollegiums, baute die Schwarzmeerflotte auf und gründete die Städte Sewastopol und Cherson. Potjomkin soll die große Liebe von Katharina II. gewesen sein. Ihn soll sie sogar heimlich kirchlich geheiratet haben. Auch nach gütlicher Trennung blieb er zeitlebens ihr Freund, engster Mitarbeiter und sogar Mitregent.

Potjomkin wählte angeblich die meisten der auf ihn folgenden Bettgenossen von Katharina II. selbst aus und achtete darauf, dass sie bald wieder abgelöst wurden, damit sie nicht zu mächtig wurden. Die gut aussehenden und kräftigen Offiziere mussten sich einer Untersuchung durch den Leibarzt der Zarin und manchmal auch einem Test im Bett ihrer Hofdame Gräfin Praskowja Alexandrowna Bruce (1729–1786) unterziehen.

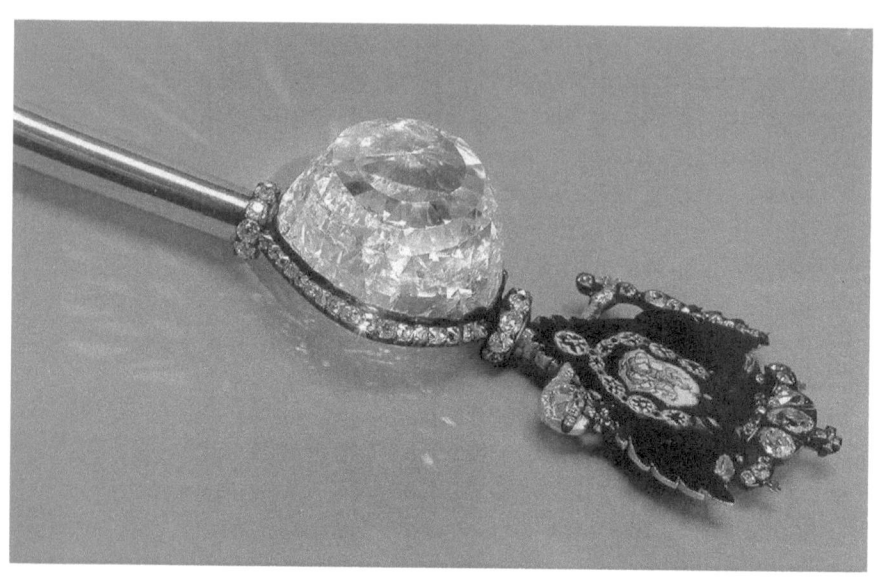

„Orlow-Diamant"
in der Spitze eines goldenen Zepters
der Zarin Katharina II. von Russland.
Original in der ständigen Ausstellung
des Diamantenfonds
in der Rüstkammer
des Moskauer Kremls

1775 erhielt Alexei Grigorjewitsch Orlow von Katharina II. den Auftrag, Jelisaweta Alexejewna Tarakanowa nach Russland zu entführen, weil diese in Westeuropa als russische Thronprätendentin auftrat. Alexei erledigte dies erfolgreich und Tarakanowa starb noch im selben Jahr in einem Kerker der Peter-und-Paul-Festung.
Auch auf dem diplomatischen Parkett erzielte Katharina II. beachtliche Erfolge. Dank ihrer Vermittlerrolle im Frieden von Teschen wurde der bayerische Erbfolge-krieg (1778/1779) beendet. Während des Unabhängig-keitskrieges der USA (1775–1783) brachte sie eine gegen England gerichtete Koalition für bewaffnete Neutralität zum Schutz des neutralen Handels zustande.
1776 schenkte Fürst Grigori Grigorjewitsch Orlow der Kaiserin Katharina II. einen ungewöhnlich wertvollen Edelstein, den er in Antwerpen gekauft hatte. Dabei handelte es sich um den so genannten „Orlow-Diamant" (auch „Orlow-Diamant der Zarin Katharina II." genannt) mit 189,62 Karat (37,924 Gramm). Dieser Edelstein gehört zusammen mit dem „Florentiner" der Medici, dem blauen Hope-Diamanten, dem „Sancy" und dem „Dresdner Grünen Diamanten" zu den berühm-testen Diamanten der Welt.
Einer Legende zufolge gehörte der bläulich-grüne Diamant einst zur Statue der indischen Gottheit Brahma im Tempel von Mysore, deren Augen zwei große Diamanten von hohem Wert zierten. Ein französischer Söldner trat angeblich zum Hindu-Glauben über, um in den Tempel gelassen zu werden, wo er den Edelstein aus dem linken Auge herausgebrochen und gestohlen haben soll. Der Dieb soll den Diamanten 1750 in Madras

Zarin Katharina II. die Große (1729–1796) von Russland mit goldenem Zepter.
Porträt des russischen Malers
Alexei Petrowitsch Antropow (1716–1795) um 1780

an einen Handelskapitän aus England verkauft haben. Der Edelstein kam nach Antwerpen und wurde dort von Orlow erworben. Mit seinem wertvollen Geschenk gewann Orlow aber die Gunst der Kaiserin nicht mehr zurück. Die Zarin ließ den Edelstein, der fortan „Orlow-Diamant" genannt wurde, in die Spitze eines goldenen Zepters einarbeiten.

Angeblich hat die indische Gottheit Brahma, deren linkes Auge gestohlen wurde, den künftigen Besitzern des Diamanten Unglück prophezeit. Aus diesem Grund schreibt man die zahlreichen Mordanschläge auf das russische Zarenhaus dem auf dem Orlow-Diamanten lastenden Fluch zu.

Manche Autoren vermuten aber auch, beim „Orlow-Diamant" könne es sich um den 1650 in der Kollur-Mine am Kistnah in Indien entdeckten Diamanten namens „Großmogul" von 280 Karat handeln. Diesen Edelstein hatte der französische Reisende Jean-Baptiste Tavernier (1605–1689) am Hofe des indischen Groß-moguls Aurangzeb (1618–1707) in der Hand gehabt und beschrieben. Laut Tavernier handelte es sich um einen runden, in der Form einer Rose geschliffenen Stein. Weil der heutige Aufenthaltsort dieses Diamanten unbekannt ist, heißt es, der „Großmogul" sei vielleicht mit dem „Orlow-Diamant" identisch.

Von 1776 bis 1777 genoss der aus der Ukraine stam-mende charmante Peter Wassiljewitsch von Sawadowski (1739–1812) die Gunst von Katharina II., die ihn 1794 zum Grafen ernannte. Er war Leiter und Minister des öffentlichen Bildungswesens sowie Urheber der Verwaltungsreform des Russischen Reiches von 1775.

Alexander Lanskoi (1758–1784),
ab 1780 Geliebter der Zarin Katharina II. von Russland.
Porträt des russischen Malers
Dmitrij Grigorjewitsch Levitzkij (1735–1822)

In der Literatur wird er mal als tüchtig, mal als faul bezeichnet. Wie andere Geliebte von Katharina II. wurde auch Sawadowski vom Leibarzt der Kaiserin untersucht. Dies geschah nicht, um die sexuelle Potenz oder die Maße seines Geschlechtsteils festzustellen, sondern als Vorsichtsmaßnahme gegen eventuell ansteckende Krankheiten des potentiellen Liebhabers.

1780 wurde der 22-jährige Graf Alexander Lanskoi (1758–1784), der anfangs Generaladjudant des Fürsten Potjomkin war, neuer Geliebter der 51-jährigen Zarin Katharina II. Die Kaiserin ernannte ihn zum Oberst und überhäufte ihn mit Geschenken. Lanskoi zeichnete sich durch große Anhänglichkeit an die Zarin aus. Als er 1784 früh starb, fiel auf Fürst Potjomkin der Verdacht, ihn vergiftet zu haben.

1789 nahm die 60-jährige Zarin Katharina II. den 22-jährigen Leutnant Platon Alexandrowitsch Subow (1667–1822) zum Geliebten. Er gilt als der letzte Liebhaber von Katharina II. Der Sohn eines Provinzgouverneurs war nach dem Tod von Katharina II. an der Ermordung von derem Sohn Zar Paul I. beteiligt.

Im so genannten Toleranzedikt vom 17. Juni 1773 garantierte Katharina II. die Duldung aller religiösen Bekenntnisse. Ausgenommen davon war die große Zahl der Juden, die seit der Ersten Teilung von Polen im Jahre 1772 ihre Untertanen waren.

Die Leibeigenschaft wurde von Katharina II. kritisch gesehen. Ungeachtet dessen tat sie nur wenig dazu, um die Verhältnisse der russischen Bauern merklich zu verbessern. Einerseits versuchte sie, möglichst viele Bauern zu so genannten Staatsbauern zu machen, die

Platon Alexandrowitsch Subow (1667–1822),
der letzte Liebhaber von Katharina II.
Nach dem Tod von Katharina II. war er an der Ermordung
von derem Sohn Zar Paul I. (1754–1801) beteiligt.
Porträt eines unbekannten Malers

Zar Paul I. (1754–1801) von Russland.
Porträt des russischen Malers
Stepan Semyonovich Shchukin (1754–1828)

Jemeljan Iwanowitsch Pugatschow (um 1742–1775).
Porträt eines unbekannten Malers aus dem 18. Jahrhundert

nicht mehr einem Gutsherrn, sondern dem Staat unterstanden, und ermöglichte es Leibeigenen, sich gegen massive Ausbeutung oder brutale Behandlung ihrer Herren zu wehren. Andererseits stärkte Katharina II. die Privilegien des Adels, weil sie durch einen Staatsstreich an die Macht gekommen war und die ständige Unterstützung durch den Adel benötigte. Dies führte zu sozialen Unruhen.

1773 kam es zum Volksaufstand der Kosaken, Raskolniki, Baschkiren und Leibeigenen im Ural- und Wolgagebiet. Diese Rebellion wurde von dem Donkosaken Jemeljan Iwanowitsch Pugatschow (um 1742–1775) angeführt, der einen bäuerlichen Kosaken-Staat unter einem „Bauern-Zaren" Peter III. errichten wollte. Doch die Zarin Katharina II. konnte den Aufruhr niederschlagen und Pugatschow wurde 1775 hingerichtet. Danach unterdrückte die Kaiserin rigoros alle sozialen Reformvorschläge.

Eines der wichtigsten Projekte von Katharina II. in der Innenpolitik war die zusammen mit Graf Jacob Johann Sievers (1731–1808) durchgeführte Reform von 1775, durch die das russische Kaiserreich eine neue Verwaltungsstruktur erhielt. Die Kaiserin teilte Russland in 40 Gouvernements ein und schuf eine neue Lokalverwaltung, die lokale Adlige und Kaufleute stärker in die Verwaltung einbezog und neue Aufgabenfelder der staatlichen Tätigkeit erschloss wie das Bildungswesen, die Armenfürsorge und medizinische Versorgung der Zivilbevölkerung. Dank dieser Reform gab es erstmals eine einheitliche Verwaltung mit Statthalterschaften, Gouvernements und Kreisen.

Jacob Johann Sievers (1731–1808).
Porträt des österreichischen Malers
Joseph Maria Grassi (1757–1838)

Dank der drei Polnischen Teilungen (1772, 1793, 1795) erreichte Katharina II. für Russland einen bedeutenden Gebietszuwachs. Dadurch gewann sie eine Million Quadratkilometer Land und sechs Millionen neue Untertanen.

Vor einem Besuch von Katharina II. im neu eroberten Krimgebiet sollen auf Geheiß von Feldmarschall Reichsfürst Grigori Alexandrowitsch Potjomkin entlang der Wegstrecke etliche Dörfer aus bemalten Kulissen zum Schein errichtet worden sein, um das wahre Gesicht der armseligen Gegend zu kaschieren. Diese kurios klingende Geschichte soll von Gegnern Potjomkins, der – wie erwähnt – ein Günstling und Geliebter von Katharina II. gewesen war, am Hofe lanciert worden sein, um ihm zu schaden.

Nach anderen Quellen soll Potjomkin solche „Dörfer ohne Leben" vor einer Inspektionsreise von Katharina II., an der auch ein Gesandter aus dem Kurfürstentum Sachsen namens Hellweg teilnahm, errichten haben lassen. Auf diesen Legenden basiert der bekannte Begriff „Potemkinsches Dorf" oder „Potjomkinsches Dorf". Darunter versteht man laut Online-Lexikon „Wikipedia" etwas, „das fein herausgeputzt wird, um den tatsächlichen, verheerenden Zustand zu verbergen".

Gegenüber einem ihrer Minister erklärte Katharina II. in ihren letzten Lebensjahren: „Wenn ich hundert Jahre werden könnte, würde ich am liebsten versuchen, ganz Europa unter dem russischen Zepter zu vereinen. Aber ich habe nicht die Absicht zu sterben, bevor ich die Türken aus Konstantinopel vertrieben habe, den Stolz

Karikatur der ersten Polnischen Teilung von 1772:
Katharina II. (links) teilt sich mit Kaiser Joseph II. von Österreich
und Friedrich II. von Preussen Polen wie einen Kuchen auf.
Der polnische König Stanislaus II. August Poniatowski
(zweiter von links) greift sich verzweifelt an die Krone.
Zeichnung von Jean-Michel Moreau (1741–1814) von 1773

der Chinesen gebrochen und den Handel mit Indien aufgenommen habe."

Katharina II. die Große sagte auch über sich: „Ich bin sicher, dass ich niemals etwas unternommen habe, ohne vorher überzeugt zu sein, dass es zum Guten des Reiches war. Russland hat viel für mich getan, und ich glaube, dass all meine in seinem Dienst eingesetzten Gaben kaum ausreichen, um dem Land meine ungeheure Schuld abzuzahlen. Denn alles, was ich für Russland tun konnte, war nur ein Tropfen ins Meer ...".

Dank der von Katharina II. geförderten Bautätigkeit wurde Sankt Petersburg zu einer der schönsten Hauptstädte der Erde. Ihr Hof entwickelte sich zum kulturellen Mittelpunkt Europas. Längst vergessen waren die Zeiten, in denen Zar Peter I. der Große die Garderobe seiner Frau auf dem Trödelmarkt kaufte. Als Katharina II. im Jahre 1775 den türkischen Gesandten empfing, trug sie ein Kleid, das außer mit Diamanten mit 4.200 großen und schönen Perlen bestickt war.

Die gebildete Katharina II. schrieb Komödien, historische Dramen, Märchen und ihre Memoiren. Sie pflegte einen regen Briefwechsel mit führenden Personen der französischen Aufklärung – vor allem mit Voltaire (1694–1778) – und gab die Zeitschrift „Von Allem Etwas" heraus. Voltaire nannte Katharina II. den strahlenden Stern des Nordens und betrachtete sie als Philosophin auf dem Thron. Katharina II. unterstützte Voltaire finanziell und erwarb nach seinem Tod die ganze Sammlung seiner Werke, die sich heute in der Russischen Nationalbibliothek in Sankt Petersburg befindet.

Zar Peter der Große (16724–1725) von Russland.
Porträt des französischen Malers
Paul (Hippolyte) Delaroche (1797–1859)
von 1838

Französischer Philosoph und Schriftsteller Voltaire (1694–1778).
Kopie eines Gemäldes von Nicolas de Largillière (1656–1746)
durch Catherine Lusurier (1753–1781).
Das Original entstand 1718, die Kopie 1778.

Zarin Katharina II. die Große (1729–1796)
von Russland im Alter von etwa 50 Jahren.
Porträt eines unbekannten Malers um 1780

Katharina II. gründete eine Gesellschaft zur Übersetzung fremdsprachiger Bücher, die „Russische Akademie" und höhere Schulen für Mädchen. Durch den Kauf von Gemälden schuf sie den Grundstock für die Sammlung des Museums Eremitage in Sankt Petersburg.

Am 24. April 1783 starb Grigori Grigorjewitsch Orlow, der ehemalige Geliebte von Katharina II., im Alter von 48 Jahren „in Geisteszerrüttung" in Moskau. Nachdem sich Katharina II. von ihm abgewandt hatte, hatte er eine Nichte geheiratet.

Am 5. Oktober 1791 (julianischer Kalender) bzw. am 16. Oktober 1791 (gregorianischer Kalender) starb Grigori Alexandrowitsch Potjomkin, der frühere Geliebte von Katharina II., auf dem Weg von Jassy nach Nikolajew in den Armen seiner Nichte Alexandra, der Gräfin Branicka, einer geborenen von Engelhardt, an Malaria. Er soll den letzten Brief von Katharina II. an sein Herz gedrückt haben, bevor er starb.

Als Katharina II. 63 Jahre alt war, zeigte man ihr ein Flugblatt aus Paris, in dem von „unerhörten Orgien" in den Kellern des „Winterpalastes" die Rede war. Amüsiert sagte die Kaiserin, sie sei nie in den Kellern dieses Palastes gewesen und fügte hinzu: „Wie köstlich hätten wir uns dort amüsieren können, wenn wir das gewusst hätten."

Katharina II. erlag am 17. November 1796 im Alter von 67 Jahren in Zarskoje Selo (Puschkin) im Bett einem schweren Schlaganfall. Über ihre Todesursache kursierten bösartige Gerüchte. Eines davon besagte, die Zarin sei an den Folgen eines missglück-

Zar Paul I. (1754–1801) von Russland
als Kaisr und Großmeister des Malteser-Ordens.
Porträt des russischen Malers
Wladimir Borowikowski (1757–1825)

ten Geschlechtsverkehrs mit einem ihrer geliebten Pferde gestorben. Nach dieser unglaublichen Geschichte versagte angeblich das Gurtsystem, mit dem sie an den Bauch des Pferdes festgebunden wurde. Eine weitere unschmeichelhafte Schilderung über den Tod von Katharina II. behauptete, diese solle auf einer Toilette gestorben sein, die unter ihrem Gewicht eingestürzt sei, wobei sie tödlich verletzt worden wäre. Natürlich entspricht auch dies nicht der Wahrheit.

Noch am Todestag von Katharina II., also am 17. November 1796, erklärte sich deren 42-jähriger Sohn Paul zum Kaiser von Russland. Angeblich aus Hass auf seine Mutter, die ihn zeitlebens gedemütigt haben soll, erließ er am 5. April 1797 ein Dekret, das nur männliche Nachkommen zur Thronfolge zuließ. Am 17. April 1797 erfolgt die offizielle Krönung von Zar Paul I.

Erste Ehefrau von Paul war die deutsche Prinzessin Wilhelmina Luisa von Hessen-Darmstadt gewesen, die er 1773 geheiratet hatte. Diese hieß nach der Annahme des russisch-orthodoxen Glaubens Natalja Alexejewna und starb bereits am 26. April 1776 zwei Tage nach der Geburt ihres ersten Kindes.

Zweite Ehefrau von Paul wurde im September 1776 die deutsche Prinzessin Sophie Dorotheee von Württemberg (1759–1828). Aus dieser Ehe gingen zehn Kinder (vier Söhne und sechs Töchter) hervor, darunter die späteren Kaiser Alexander I. (1777–1825) und Nikolaus I. (1796–1855).

Zar Paul I. verfügte vielfach das genaue Gegenteil, was während der Regierungszeit seiner Mutter Katharina II. angeordnet worden war. So amnestierte er die durch den Geheimen Staatsrat Verurteilten, gab politischen Gefangenen die Freiheit und schaffte die Wehrpflicht ab. Außerdem schränkte er die Macht der Grundbesitzer über die Leibeigenen ein und begrenzte die Pflichtarbeit für die Landbesitzer auf drei Tage je Woche. Als Bewunderer preußischer Bräuche ließ er wieder Soldatenzöpfe einführen, die zuvor von Grigori Alexandrowitsch Potjomkin abgeschafft worden waren. Von den ehemaligen Mordgenossen, die Zar Peter III. auf dem Gewissen hatten, lebten bei Regierungsantritt von Paul I. nur noch Alexei Grigorjewitsch Orlow und Fürst Barjatinski. An ihnen übte Zar Paul I. Rache, als er die Leiche von Peter III. feierlich aus dem Alexander-Newski-Kloster abholen ließ. Orlow und Barjatinski mussten das Bahrtuch tragen und erhielten danach den Befehl, sich auf Reisen zu begeben.

Wegen zahlreicher Morddrohungen ließ Zar Paul I. auf einer kleinen Insel zwischen den Flüssen Fontanka, Moika und zwei Kanälen ein Schloss mit zahlreichen Sicherheitsanlagen erbauen, das nach sechsjähriger Bauzeit am 1. November 1800 der offizielle Wohnsitz der Kaiserfamilie wurde. In der Nacht zum 12. März 1801 nach dem julianischen Kalender bzw. 24. März 1801 nach dem gregorianischen Kalender fiel er einem Attentat durch Verschwörer aus Adelskreisen zum Opfer. Er wurde stranguliert, nachdem er sich geweigert hatte, seine Abdankung zu unterschreiben. Ein Hauptgrund für seine Ermordung soll gewesen sein, dass er sich aus dem Bündnis mit Österreich, Großbritannien, Neapel und dem Osmanischen Reich gegen Frankreich gelöst hatte und sich durch seine

Politik der bewaffneten Neutralität auf die Seite Frankreichs geschlagen hatte. Seine Absetzung soll mit dem stillen Einverständnis seines Sohnes Alexander geschehen sein, der nach der Tat als Zar Alexander I. den Thron bestieg. Nach der Ermordung des Zaren Paul I. zog seine Familie in den Winterpalast zurück.

An die russische Kaiserin Katharina II. erinnern Denkmäler in Sankt Petersburg, Odessa und Zerbst sowie zahlreiche Bücher und Filme. 1934 kam der Film „Die rote Kaiserin" („The Scarlet Empress") von Josef Sternberg (1894–1969) mit Marlene Dietrich (1901–1992) in die Kinos. 1991 erschien die zweiteilige, für das Fernsehen hergestellte Filmbiografie „Die junge Katharina" („Young Catherine") von Michael Anderson mit Julia Ormond in der Rolle von Katharina II. 1995 begeisterte der in den USA hergestellte Zweiteiler „Katharina die Große" von Marvin J. Chomsky das Publikum. Am 1. Juni 2003 zeigte der deutsch-französische Fernsehsender „arte" den Streifen „Das verlorene Geheimnis von Katharina der Großen". Dieser Film von Peter Woditsch versuchte, die Geschichten um die erotischen Zimmer der Zarin in ihren verschiedensten Residenzen aufzuklären.

2009 schuf der russische Bildhauer Michael Wladimirowitsch Pereaslawezh eine knapp fünf Meter hohe Bronzestatue von Katharina II. Das eindrucksvolle Kunstwerk wurde am 9. Juli 2010 vor der barocken Stadthalle von Zerbst feierlich eingeweiht.

Literatur

CHERNOVA, Alina: Mémoires und Mon Histoire. Zarin Katharina die Große und Fürstin Katharina R. Daschkowa in ihren Autobiographien, Berlin 2007

CRONIN, Vincent: Katharina die Große, Düsseldorf 2006

DASSOW, Johannes: Friedrich II. von Preussen und Peter III. von Russland, Berlin 1908

KAUS, Gina: Katharina die Große, Amsterdam 1935

KLUETING, Harm: Peter III. Aus: Neue Deutsche Biographie (NDB), Band 209, S. 226, Berlin 2001

KROGH, Ferdinand von: Peter (Karl Peter Ulrich), Herzog von Holstein-Gottorp. Aus: Allgemeine Deutsche Biographie (ADB), Band 25, S. 469-473, Leipzig 1887

MONTEFIORE, Simon Sebag: Katharina die Große und Fürst Potemkin, Frankfurt am Main 2009

NEUMANN-HODITZ, Reinhold: Katharina II. die Große. Mit Selbstzeugnissen und Bilddokumenten. Reinbek 2004

PALMER, Elena: Peter III. Der Prinz von Holstein, Erfurt 2005

SCHARF, Claus (Herausgeber): Katharina II. Russland und Europa. Beiträge zur internationalen Forschung, Mainz 2001

SEUME, Johann Gottfried: Über das Leben und den Charakter der Kaiserin von Russland Katharina II., Altona 1797

TROAT, Henri: Die große Katharina, München 1980

ZUBOV, Valentin: Zar Paul I. Mensch und Schicksal, Stuttgart 1963

Bildquellen

Klaus Benz, Fotograf, Mainz-Laubenheim: 68

Reproduktion der Kopie eines Gemäldes von Nicolas de Largillière (1656–1746) durch Catherine Lusurier (1753–1781): 55

Reproduktion einer Grafik von Johann Ernst Mansfeld (1739–1796) nach einer Vorlage von Henri François Viollier (1750–1828): 32

Reproduktion einer Zeichnung von Jean-Michel Moreau (1741–1814) von 1773: 52

Reproduktion eines Porträts aus den 1780-er Jahren von einem Nachahmer des österreichischen Malers Johann-Baptist Lampi der Ältere (1751–1830): 1

Reproduktion eines Porträts der deutschen Malerin Anna Rosa Lisiewska (1713–1783) von 1776: 14

Reproduktion eines Porträts des deutschen Malers Johann Georg Ziesenius der Jüngere (1716–1776) von 1763: 10

Reproduktion eines Porträts des deutschen Malers Lucas Conrad Pfandzelt (1716–1786) um 1762: 21

Reproduktion eines Porträts des französischen Malers Charles André Van Loo (1705–1765): 12

Reproduktionen eines Porträts des französischen Malers Louis-Michel Van Loo (1707–1771) von 1767: 38

Reproduktion eines Porträts des französischen Malers Paul (Hippolyte) Delaroche (17974–1859) von 1838: 54

Reproduktion eines Porträts des österreichischen Malers Johann-Baptist Lampi der Ältere (1751–1830) um 1790: 34

Reproduktion eines Porträts des österreichischen Malers Joseph Maria Grassi (1757–1838): 50

Reproduktion eines Porträts des russischen Malers Dmitrij Grigorjewitsch Levitzkij (1735–1822): 44

Reproduktion eines Porträts des russischen Malers Ivan Nikitich Nikitin (um 1690–1741): 6

Reproduktion eines Porträts des russischen Malers Stepan Semyonovich Shchukin (1754–1828): 47

Reproduktion eines Porträts des russischen Malers Wladimir Borowikowski (1757–1825): 58

Reproduktionen von Porträts des deutsch-russischen Malers Carl-Ludwig Christinek (1732–1792): 28, 30

Reproduktionen von Porträts des französischen Malers Antoine Pesne (1683–1757) von 1725: 4, 8

Reproduktionen von Porträts des italienischen Malers Marcello Bacciarelli (1731–1818) von 1764: 36

Reproduktionen von Porträts des russischen Malers Alexei Petrowitsch Antropow (1716–1795): 18, 20, 22, 23, 24, 42

Reproduktionen von Porträts des russischen Malers Fjodor Rokotow (1736–1808) um 1762/1763: 25, 26

Reproduktionen von Porträts unbekannter Maler aus dem 18. Jahrhundert: 16, 46, 48, 56

Wikipedia (Online-Lexikon) http://wikipedia.org

Elkan Wijnberg, DIAMONDS – Famous, Notable and Unique (GIA) http://www.adin.be/nl/explanation-on-orlov-diamond-by-adin-antique-vintage-and-estate-jewelry.htm: 40 (via Wikimedia Commons), Lizenz: gemeinfrei

Autor Ernst Probst

Der Autor

Ernst Probst, geboren am 20. Januar 1946 in Neunburg vorm Wald im bayerischen Regierungsbezirk Oberpfalz, ist Journalist und Wissenschaftsautor. Er arbeitete von 1968 bis 1971 als Redakteur bei den „Nürnberger Nachrichten", von 1971 bis 1973 in der Zentralredaktion des „Ring Nordbayerischer Tageszeitungen" in Bayreuth und von 1973 bis 2001 bei der „Allgemeinen Zeitung", Mainz. In seiner Freizeit schrieb er Artikel für die „Frankfurter Allgemeine Zeitung", „Süddeutsche Zeitung", „Die Welt", „Frankfurter Rundschau", „Neue Zürcher Zeitung", „Tages-Anzeiger", Zürich, „Salzburger Nachrichten", „Die Zeit", „Rheinischer Merkur", „Deutsches Allgemeines Sonntagsblatt", „bild der wissenschaft", „kosmos", „Deutsche Presse-Agentur" (dpa), „Associated Press" (AP) und den „Deutschen Forschungsdienst" (df). Aus seiner Feder stammen die Bücher „Deutschland in der Urzeit" (1986), „Deutschland in der Steinzeit" (1991), „Rekorde der Urzeit" (1992), „Dinosaurier in Deutschland" (1993 zusammen mit Raymund Windolf) und „Deutschland in der Bronzezeit" (1996). Von 2001 bis 2006 betätigte sich Ernst Probst als Buchverleger sowie zeitweise als internationaler Fossilienhändler und Antiquitäten-händler. Insgesamt veröffentlichte er mehr als 100 Bücher, Taschenbücher, Broschüren, Museumsführer und E-Books.

Bücher von Ernst Probst

Superfrauen 1 – Geschichte
Superfrauen 2 – Religion
Superfrauen 3 – Politik
Superfrauen 4 – Wirtschaft und Verkehr
Superfrauen 5 – Wissenschaft
Superfrauen 6 – Medizin
Superfrauen 7 – Film und Theater
Superfrauen 8 – Literatur
Superfrauen 9 – Malerei und Fotografie
Superfrauen 10 – Musik und Tanz
Superfrauen 11 – Feminismus und Familie
Superfrauen 12 – Sport
Superfrauen 13 – Mode und Kosmetik
Superfrauen 14 – Medien und Astrologie

Superfrauen aus dem Wilden Westen

Königinnen der Lüfte von A bis Z
Königinnen der Lüfte in Deutschland
Königinnen der Lüfte in Frankreich
Königinnen der Lüfte in England, Australien
und Neuseeland
Königinnen der Lüfte in Europa
Königinnen der Lüfte in Amerika

Königinnen des Tanzes
Cortés und Malinche. Der spanische Eroberer
und seine indianische Geliebte
Elisabeth I. Tudor. Die jungfräuliche Königin
Maria Stuart. Schottlands tragische Königin
Zenobia von Palmyra. Eine Frau kämpft gegen
die Römer

Christl-Marie Schultes. Die erste Fliegerin in Bayern
(zusammen mit Theo Lederer)
Drei Königinnen der Lüfte in Bayern.
Thea Knorr – Christl-Marie Schultes – Lisl Schwab
(zusammen mit Josef Eimannsberger)
Liesel Bach. Deutschlands erfolgreichste
Kunstfliegerin
Melli Beese. Die erste Deutsche mit Pilotenlizenz
Elly Beinhorn. Deutschlands Meisterfliegerin
Marga von Etzdorf. Die tragische deutsche Fliegerin
Thea Knorr. Eine frühe Fliegerin in München
Angelika Machinek. Eine Segelfliegerin der Weltklasse
Thea Rasche. The Flying Fräulein
Hanna Reitsch. Die Pilotin der Weltklasse
Lisl Schwab. Eine Kunstfliegerin
aus den 1930-er Jahren
Melitta Gräfin Schenk von Stauffenberg.
Deutsche Heldin mit Gewissensbissen
Beate Uhse. Deutschlands erste Stuntpilotin

Monstern auf der Spur. Wie die Sagen über Drachen,
Riesen und Einhörner entstanden
Affenmenschen. Von Bigfoot bis zum Yeti
Seeungeheuer. Von Nessie
bis zum Zuiyo-maru-Monster

Der Schwarze Peter. Ein Räuber im Hunsrück
und Odenwald
Julchen Blasius. Die Räuberbraut
des Schinderhannes
Hildegard von Bingen. Die deutsche Prophetin
Johann Jakob Kaup. Der große Naturforscher
aus Darmstadt

Der Ball ist ein Sauhund. Weisheiten und Torheiten
über Fußball (zusammen mit Doris Probst)
Worte sind wie Waffen. Weisheiten und Torheiten
über die Medien (zusammen mit Doris Probst)
Schweigen ist nicht immer Gold. Zitate von A bis Z

Bestellungen bei www.grin.com